TEESRI PANKTII

CHINTAN

BlueRose ONE.com
Stories Matter
NewDelhi • London

BLUEROSE PUBLISHERS
India | U.K.

Copyright © Chintan 2024

All rights reserved by author. No part of this publication may be reproduced, stored in a retrieval system or transmitted in any form or by any means, electronic, mechanical, photocopying, recording or otherwise, without the prior permission of the author. Although every precaution has been taken to verify the accuracy of the information contained herein, the publisher assumes no responsibility for any errors or omissions. No liability is assumed for damages that may result from the use of information contained within.

BlueRose Publishers takes no responsibility for any damages, losses, or liabilities that may arise from the use or misuse of the information, products, or services provided in this publication.

For permissions requests or inquiries regarding this publication, please contact:

BLUEROSE PUBLISHERS
www.BlueRoseONE.com
info@bluerosepublishers.com
+91 8882 898 898
+4407342408967

ISBN: 978-93-6783-094-9

Cover design: Shubham
Typesetting: Sagar

First Edition: November 2024

अनुक्रमणिका

खूबसूरत सफर 1

कश्ती आवारा 2

ना आधे ना पूरे थे हम 3

मौत तो यूँ ही बदनाम है 4

दिल को बस तुमसे मतलब 5

जिंदा प्यार 6

अचानक 7

मेरे सरकार 8

भरोसा प्यार पर 9

डर है 10

कुछ और दिखता ही नहीं 11

जिंदगी का सफर 12

चार 13

वो सिर्फ तुमसे जुड़ा है 14

आशिक पुराना 15

तेरे आने से 16

आगोश में भर लूँ ज़रा 17

मेरे होने का मतलब 18

रुक तो ज़रा	19
उम्मीद	20
करले करले	21
तेरे मेरे दरमियान	22
झूठा ही सही	23
कैसा होगा	24
आवाज़	25
याद तेरी आ रही है	26
गूंज	27
दिल की बात	28
दिल की आदत	29
ना तेरे सिवा	30
ये यादें	31
बेखुदी में जल रहा हूँ	32
सोच रहा हूँ तेरे बारे में	33
इबादत	34
तू है दूर मुझसे	35
आँसू आने नहीं देंगे	36
अनकही	37
अरमान	38
सिर्फ तू	39

ईरादा ना था	40
कोई कहे	41
सुहानी है शाम	42
क्या रखा है	43
कहाँ है तू बता	44
अनकही दास्ताँ	45
राहत	46
हकीकत	47
कुरबत	48
तेरी अदा है मस्तानी	49
बेशुमार प्यार	50
नाकाम कोशिश	51
आपका अंदाज़	52
बारिश का मौसम	53
प्यार के डोर से हूँ बंधा	54
तुम्हारी यादों में	55
गुलाम तुम्हारा	56
याद तेरी सताती है	57
दिल कहता है	58
क्यूँ	59
प्यार बेशुमार	60

मौसम बदलते गए	61
अन्धाधुन्ध मोहब्बत	62
ख़यालों में आता है	63
बस तू है	64
तुम हो मेरी नसीब	65
आशिक का जनाज़ा	66
जरूरत ना पडी	67
दिल जब से है टूटा	68
टूटे दिल की आरजू	69
अनकही प्यार की बात	70
चल पड़ो मेरे साथ	71
कभी मैं बारिश	72
अपनी चाहत के लिए	73
जिंदगी का मतलब	74
जिंदगी में है तन्हाई सी	75
बस मन है	76
खूबसूरती	77
पुराने यादों से	78
जो अब गुज़र गया	79
बेइंतहा मोहब्बत ये मेरी	80
तुमसे है मोहब्बत	81

हमेशा तेरा नाम	82
पिछे कुछ छुट गया	83
एक दिन आयेगा	84
एक ऐसी मुलाक़ात	85
उनकी और हमारी आदत	86
आंखें बोलती रही	87
ईरादा	88
प्यार की ताक़त	89
दिल की बात	90
किसी और से	91
अखिर क्या है प्यार	92
तुम्हारे होने का असर	93
दिल की सुनो	94
मोहब्बत की हद	95
बंद कर दिया	96
खुद ही समझ लो ना	97
वो और हम	98
तुम्हारा मेरा मिलना	99
तुम्हारी और मेरी कहानी	100

खूबसूरत सफर

खूबसूरत हो सफर,
जब हसीन हो साथ,
ऐसा जो मिल जाए पल,
फिर और क्या हो बात।

हमसफर हो आपके पास,
ऊपर से रिमझिम बरसात,
तो कहीं रुकना ना चाहे मन,
मंज़िल आ जाने के भी बाद।

तुम मेरे आसमान का एक लौ चांद,
मरने से पहले और मरने के उपरान्त,
सुकून बस तेरे संग ही है और किसी में नहीं,
तेरी मौजूदगी ही है जो रखती है मुझे शांत।

कश्ती आवारा

मैं हूँ बिछड़ा एक कश्ती आवारा,
जिंदगी के समुंदर में, मैं बंजारा,
किसी मांझी का जो सहारा मिले,
तो मुझे भी कहीं किनारा मिले,
थम जो जाए थोड़ी देर ये पल,
तो फिर मरना ना पडे दोबारा,
मैं हूँ बिछड़ा एक कश्ती आवारा।

मेरा कुछ ऐसा है हाल,
पल बीता जैसे हो साल,
उम्मीदें जो बिखर के टूटी तो,
आँसु का रंग हुआ खून सा लाल।

थामे रखना है हाथ तुम्हारा,
जबसे मिलेगा दिल को इशारा,
तबतक भटकना पडेगा बीच मझधार,
क्यूँ के मैं हूँ एक कश्ती आवारा।

ना आधे ना पूरे थे हम

ना आधे ना पूरे थे हम,
ना बुरे ना अच्छे थे हम,
तुम आए जिंदगी में तो,
पता चला कितने अधूरे थे हम।

तुमने बेरंग जिंदगी में रंग भरा,
तुमसे ही चाहत का सुरूर मिला,
ना मिलते आप तो कैसे जान पाते,
के तेरे बिन हम कितने बेसुरे थे।

देखा तुम्हें तो खो गए हम,
तुम मेरी और तेरे हो गए हम,
जागते रहते थे उल्लू की तरह,
यादों को तकिया बना के सो गए हम।

मौत तो यूँ ही बदनाम है

सबने तुझे ऐसे बदनाम किया है,
तुझको बेदर्दी का नाम दिया है,
किसीने तेरा एहसान नहीं माना,
ना ही तुझे रब से मिलने का इनाम दिया है।

मौत से खूबसूरत और कुछ नहीं,
इसके आगे सांसे और कुछ नहीं,
तुझसे जिसने आशिकी कर ली,
उसको बाकी जरूरत कुछ नहीं।

तुझ पे कुछ कविता सी लिखी है,
तुझमे क्यूँ मुझे रहमत दिखी है,
मुलाकात होने पे बैठ कर सोचेंगे,
जिंदगी के आगे तेरी तस्वीर क्यूँ फीकी है।

दिल को बस तुमसे मतलब

दिल को मतलब तेरे दिल से है,
तकदीर को मतलब मंजिल से है,
एहसास है बुलंद आखिरी साँस तक भी,
चाहे यादें मोहब्बत की झिलमिल से हैं।

जिंदगी तमाम तुमसे प्यार किया,
दूर जो हुए तो तेरा इन्तेज़ार किया,
तुमसे मिलकर आती थी ठंडक दिल को,
दिल ने खुद से ज्यादा तुझपर ऐतबार किया।

जिंदगी रास्ता है तो मौत ठिकाना है,
वापस अगले जनम लौट आना है,
तुम हो साथ तो सब है हासिल मुझे,
हमको तो सात जन्मों तक साथ निभाना है।

जिंदा प्यार

कोई तो जिंदा है यहाँ,
आहट धड़कनों की है,
कोई तो आहट है यहाँ,
गर्मी जिंदा साँसों की है।

कोशिश है जीने की,
ख्वाब अरमानों का है,
ना सुरूर है मरने का,
असर प्यार के फसानों का है।

जिंदगी से मोहब्बत सी हो गई,
जब से चाहत जिंदगी सी हो गई,
हमें तो कभी ऐसा नशा ना था,
प्यारे तरानों से जो दोस्ती हो गई।

अचानक

अचानक जिंदगी बेजान हो गई,
जब ये साँसें परेशान सी हो गई,
किसी चीज की ना चाह रही,
जब खुशियाँ बेईमान सी हो गई।

छटपटाहट हुई जान निकल सी गई,
घबराहट हुई और अरमान बदल सी गई,
जब ना दिखी कोई राह सफर में हमें,
तब सफर जैसे वीरान सी हो गई।

प्यार में गिरे तो चोट दिल पर लगी,
ज़खम देकर वो मरहम लगाने लगी,
ना किसी काबिल बचे के मोहब्बत कर सकें,
हमें मार, चाहत की कुछ इस कदर लगी।

मेरे सरकार

हर कदम पर मुझे प्यार मिलता है,
हर मोड़ पर एक दिलदार मिलता है,
पर दिल तो है आपके पास गिरवी पडा,
इसी से दिल को अपना करार मिलता है।

मुश्किलों से आप जैसा यार मिलता है,
वरना फरेब तो बार बार मिलता है,
तेरी हुकूमत के लिए ही है आशिकी मेरी,
जो मुद्दत के बाद दिल को सरकार मिला है।

तुम हो और है यादों का काफिला,
प्यार हुआ और मिलने का सिलसिला,
राहों में जो टकरा गए एक दूसरे से हम,
तो किस्मत अपनी तकदीर से जा मिला।

भरोसा प्यार पर

उम्मीदों पे भरोसा किया,
और भरोसे की उम्मीद की,
खुद हारते रहे हम उमर भर,
पर जशन् मनाया तेरे जीत की।

इश्क ने हँसाया इश्क ने रुलाया,
पर ना ही कोई कभी जिद की,
तू भी ज़रा कदर् करले मेरी,
ना उड़ा मजाक मेरे प्रीत की।

तेरे संग जीना तेरे संग मरना,
वादा यही था प्यार के रीत की,
तेरे हसना और तेरे संग रोना,
मतलब यही था प्यार के गीत की।

डर है

आज फिर कुछ कहने की तमन्ना है,
डर है! कुछ गलत ना निकल जाए,
दुनिया में दिल लगाना मना है,
डर है! इस वजह से खुशियाँ ना पिघल जाए।

दिल चिर के दिखाने की चाह है,
डर है! कहीं रूह ना सिहर जाए,
तहज़ीब ने लगाई अरमानों पे बंदिशें,
डर है! घुटन से जान ही ना निकल जाए।

प्यार में कुछ कर जाने की ख्वाहिश है,
डर है! बगावत का जुनून ना निखर जाए,
यहां तो इजाजत मांगने की भी इजाजत नहीं,
डर है! जिंदगी से बनाया रिश्ता ना बिखर जाए।

कुछ और दिखता ही नहीं

जो नज़र तुझपे यूँ रुकी है,
के कुछ और दिखता ही नहीं,
तेरा चेहरा जब भी हो सामने,
कोई ग़म देर तक टिकता ही नहीं।

नजरों से दूर कभी होने ना दूँ,
तेरे प्यार को कभी खोने ना दूँ,
तू बस थाम तो ज़रा हाथ मेरा,
तुझे उमर भर कभी रोने ना दूँ।

तेरी चाहत में यूँ डूब चुका हूँ,
के तेरे बगैर चैन कहीं मिलता नहीं,
बस तेरे ही प्यार का है सहारा,
उसके बिना दिल खिलता ही नहीं।

जिंदगी का सफर

खामोश पहाड़ों को खामोशी से निहार रहा हूँ मैं,
निश्चल पेड़ की तरह वही जिंदगी बीता रहा हूँ मैं,
जिंदगी भर तराशता रहा अपने सपनों को मैं,
अपनों के खातिर खुद के निशान मिटा रहा हूँ मैं।

पता कहाँ था अपने जीवन का हमें,
सफर में मिला पता अगले सफर का हमें,
कैसी राह है ये, जो कभी रुकती ही नहीं,
क्या कोई फायदा नहीं होगा साफ़ नज़र का हमें।

सुनना पडता है हमें सबकी कहीं बातों को,
निभाना आता नहीं खुद से किए वादों को,
ऐसे ही एक दिन अंतिम चरण आ जाएगा,
दिन दिखा नहीं पायेंगे उन बिसरी रातों को।

चार

चार कदम चल के चार दिनों में ढल के,
जिंदगी को अपने हाथों से सजाया है,
चार बातें सुन के और चार सपने बुन के,
इस सफर को मुश्किल से हमने बचाया है।

चार साँसें खुल के और चार यादें भूल के,
जीवन के संतुलन को संतुलित बनाया है,
चार कसमे बचा के और चार रसमे निभा के,
अपनी जिंदगी को रूठने पर मनाया है।

चार लमहे सुकून के, चार कतरे जुनून के,
जिंदा तस्वीर के खूबी को निखारा है,
चार तारे टूट के और चार सितारें छूट के,
अपनी अलग एक दुनिया को संवारा है।

वो सिर्फ तुमसे जुड़ा है

दिल के यूँ धड़कने से,
अरमानों के पनपने से,
जो ये करार मिला है,
वो सिर्फ तुमसे जुड़ा है।

हवाओं के यूँ सहलाने से,
घटाओं के ऐसे लहराने से,
यह जो प्यारा खुमार मिला है,
वो सिर्फ तुमसे जुड़ा है।

साँसों के दहक ने से,
आहों के यूँ भरने से,
जो ये इकरार मिला है,
वो सिर्फ तुमसे जुड़ा है।

आशिक पुराना

शाम है जवां और ये मौसम सुहाना है,
आशिकी है नयी पर आशिक पुराना है,
निकले हैं मोहब्बत के बाजार में ये सोच के,
प्यार के मोल को असमान तक पहुंचाना है।

हसीनों की बस्ती में दिल तोड़ने का कारखाना है,
काम बिखरे दिलों को अंजाम तक पहुंचाना है,
इसकी परवाह नहीं है सरफिरे आशिक को कभी,
उसका तो फ़र्ज़ ही मोहब्बत पे जान लुटाना है।

आशिक की आशिकी को मंजिल तक ले जाना है,
प्यार के इतिहास में इसका नाम दर्ज कराना है,
क्या पता था एक दिन ये यूँ काम कर जाएगा,
के अब सबको इसे इश्क कहकर ही बुलाना है।

तेरे आने से

तेरे आने से सपने सारे कामिल हो गए,
आशिकों की टोली में शामिल हो गए,
क्या बताऊँ किस हद तक कदर है आपकी,
आप की वजह से जिंदगी के काबिल हो गए।

मुकाम जिंदगी के सारे हासिल हो गए,
तेरी यादें मेरे सुकून के क़ातिल हो गए,
बस तेरा ही असर है जिंदगी पर कुछ ऐसा,
के तेरे आने से सपने सारे कामिल हो गए।

प्यार के सफर में हम यूँ राहिल हो गए,
उसी कश्ती के लिए तुम साहिल हो गए,
सफर आपके साथ हो और मंजिल भी आप बनो,
आपसे मिल कर ही जिंदगी में हम आदिल हो गए।

आगोश में भर लूँ ज़रा

निगाहों के पहलू में छुपा लूँ ज़रा,
बाहों के आगोश में भर लूँ ज़रा,
दिल में बसा के, अपना बना के,
बहारों के आंगन में चूम लूँ ज़रा।

पहाड़ों के वादियों में घुमा लूँ ज़रा,
प्यार भरी बातें तुम्हें सुना लूँ ज़रा,
ज़माने से छुपा के जन्नतें दिखा के,
प्यार करने का तरीका सीखा दूँ ज़रा।

अपनों से भी अपना बना लूँ ज़रा,
जिंदगी से हर अंधेरा हटा लूँ ज़रा,
पनाहों में बुला के मोहब्बत सीखा के,
निगाहों के पहलू में छुपा लूँ ज़रा।

मेरे होने का मतलब

मेरे होने का मतलब ज़रा समझा,
तेरे बगैर रोने की वजह ज़रा समझा,
भले ही हम एक दूसरे से इतने दूर सही,
हर पल तेरे ख़यालों में रहने की आदत ज़रा समझा।

मेरे होने का मतलब ज़रा समझा,
तेरे करीब हो जाना ज़रा समझा,
हम दोनों काफी जुदा एक दूसरे से,
फिर भी इतना क्यों असर ज़रा समझा।

नाराज़ ना हो पाने का पड़ाव ज़रा समझा,
तुमसे ही क्यूँ मिला मुझे घाव ज़रा समझा,
तू मगरूर, और मुझ में है इतना गुरूर,
फिर भी साथ होने का मतलब ज़रा समझा।

रुक तो ज़रा

तू थोड़ा रुक तो ज़रा,
मेरी बात सुन तो ज़रा,
जहाँ जाना है चले जाना,
ना रोकेगा यह ज़माना।

बस लौट के जरूर आना,
तुझे हज़ारों राज़ है बताना,
एक बार मेरी तरफ घूम तो ज़रा,
मेरे लिए दो घड़ी रुक तो ज़रा।

फिर जिस राह पर चाहे निकल जाना,
बस तू मंजिल मुझको ही बनाना,
तुझको यह मालूम तो होगा जाने जाना,
तेरे बिना अधूरा मेरे जिंदगी का फसाना।
सुन तो ज़रा, थोड़ी देर रुक तो ज़रा।

उम्मीद

जब भी तुझसे मुलाकात होगी,
तब हम बतायेंगे तुझे ऐ जिंदगी,
के हम भी तुमसे मिलने के लिए,
रहे हैं उम्र भर बेकरार कितना।

जान उमर बिताने में निकल गई,
जिंदगी, जिंदगी बनाने में निकल गई,
पर ना मिली मुझे वो जिंदगानी मेरी,
आधे से ज्यादा वक्त तलाश में निकल गई।

मेरे आखिरी पलों में तो मिलने आजा,
आंखें बंद होने से पहले चेहरा दिखाजा,
नाराजगी छोड़ अब तो दोस्ती कर ले,
मरने से पहले जिंदगी जीना सीखा जा।

करले करले

कर ले कर ले प्यार तू करले,
मर ले मर ले प्यार पे तू मर ले,
चल मेरे साथ थामे प्यार का हाथ,
भर ले भर ले मुझे सांसो में तू भर ले।

क्या बताना है तुझे,
क्या सुनाना है तुझे,
क्या क्या है जताना,
और क्या कहना है तुझे।

अब इस के बारे मे बंद कर सोचना,
प्यार करने से खुद को कभी ना रोकना,
डर ले थोड़ा वक्त से तू डर ले,
कर ले कर ले प्यार तू कर ले।

तेरे मेरे दरमियान

हमारी चाहतों के दरमियान,
हम तुम और बस धड़कनें हो,
करीब रहें एक दूसरे के हम और,
धीरे धीरे बढ़ती हमारी साँसें हो।

होंठ दोनों के ना भी बोले तो,
आंखों ही आंखों में बातें हो,
कुछ भी ना हो बंदिश यहां,
बस हम रहें और काली रातें हो।

दिल में ना हो कोई रंजिश,
बस प्यार की ही बरसातें हो,
ख्वाहिश सारे हो जाएँ पूरे,
हमारी किस्मत से मुलाकातें हो।

झूठा ही सही

मैं सबकी नज़र में झूठा ही सही,
मेरा सनम मुझसे रूठा ही सही,
हमेशा रहेती है उसे फ़िकर सबकी,
दिल में दर्द चाहे उठा ही सही।

जितना चाहे सोच लो करना सवाल,
जवाब उस तक जाकर हो जाता है कमाल,
बेकसूर दिल तुम्हारी धड़कनों से बंधा होगा,
प्यार में मेरी जान आकर मचा दे बवाल।

रूठने पे माफ़ भी कर देती है वो,
किस्से सारे साफ़ कर देती है वो,
कसूर मोहब्बत में हो ही जाता है,
नजर अंदाज अपने आप कर देती है वो।

कैसा होगा

जो आगाज़ ऐसा है करार का,
तो दीवानों का प्यार कैसा होगा,
उमड रहा है तूफान इकरार का,
देखना है दिलदार कैसा होगा।

बिना सोचे बाहों में भर लो,
ना सोचो अंजाम कैसा होगा,
जाकर कुबूल करलो प्यार को,
सोचो इश्क का इनाम कैसा होगा।

जो हसीन है सीरत मेरे प्यार की,
मोहब्बत का इज़हार कैसा होगा,
लाजवाब है सूरत मेरे यार की,
सोचो प्यार का दरबार कैसा होगा।

आवाज़

कितनी शिद्दत से मोहब्बत की थी,
मुद्दत से सबने यह इबादत की थी,
पर हो ना पाया इश्क मुकम्मल कभी,
शायद कुदरत ने थोड़ी शरारत की थी।

इस दर्द में घायल हुआ दीवाना,
दीवाने के ग़म में शामिल हुआ ज़माना,
ज़माने ने यह दास्ताँ ना किया बयान,
बारिश के शकल में नज़र आया अफ़साना।

लिखो, मैं सुनाता हूँ यह फ़साना,
गलती नहीं, भूल का था बहाना,
छोटी छोटी बातों में जान लुटाया,
आँसू को मिला दिल का ठिकाना।

याद तेरी आ रही है

मुझे याद तेरी आ रही है,
हँसी ओझल हो जा रही है,
तेरा ही खयाल है जेहन में,
पालकों में नमी सी आ रही है।

तेरा जो खयाल मुझको आया,
ज़ज्बातों ने हमें बहुत सताया,
तूने भी किया होगा याद मुझे,
हिचकियों ने हमें ये बात बताया।

यह बातें ही सुकून मिटा रही हैं,
बेवजह परेशानियां बढ़ा रही हैं,
बात बस इतनी सी है आखिर में,
के हमें बस तेरी याद आ रही है।

गूंज

आवाज़ तेरी कानों में है गूंजती,
साँसें तेरी हवा में जो है घुलती,
खुशबु हवाओं में और बातें जुबान पर,
जहां जाए दिल तेरा नाम ही है सुनती।

हवा ने महकना छोड़ दिया,
पंछियों ने चहकना छोड़ दिया,
तेरा साथ जो छुटा दिल से तो,
दिल ने धड़कना ही छोड़ दिया।

कैसे देंगी धड़कनें साथ मेरे दिल का,
यह जाकर तेरे दिल में जो है धड़कती,
सुनाई नहीं देती और कोई आवाज़ कानो को,
इनमे बस तुम्हारी आवाज़ ही है गूंजती।

दिल की बात

बेचैनी के साथ ये जो दीवानापन है,
प्यार भी है के बस आवारापन है,
तुम हो तो बस हम हैं,
हम हैं और फ़िजायें हैं,
फ़िज़ाओं में हवाएँ हैं,
हवाओं में तेरी मेरी साँसें हैं,
इतनी मोहब्बत फिर भी क्यूँ बेगानापन है,
प्यार से दोनों है मुखातिब,
फिर भी यह कैसा अनजानापन है।
कितनी बेचैनी और कितना दीवानापन है।

दिल की आदत

तेरे बिना दिल कहीं लगा नहीं,
तेरे सिवा नज़र कहीं रुका नहीं,
तू है हर सोच हर खयाल में मेरे,
तेरे अलावा और कोई दिखा नहीं।

बस तू ही है हर बातों में मेरे,
तू धड़कन और तू साँसों में मेरे,
तेरे बिन ना कोई मुझे मिला कहीं,
तू हर लफ़्ज़ हर अल्फाजों में मेरे।

तू हर अकेली रातों में है,
तू हर पुरानी यादों में है,
तू हसीन ख्वाब है दिल का,
तुझे प्यार करना दिल की आदतों में है।

ना तेरे सिवा

ना तेरे सिवा हो जीना गवारा,
ना तेरे साथ जीना है मुमकिन,
ना तेरे सिवा कोई मेरा सहारा,
ना तेरा मेरा पास आना है मुमकिन।

ना तेरे सिवा कुछ है हमारा,
ना तुझे अपना कह पाना है मुमकिन,
ना तेरे सिवा संसार हो पूरा,
ना तुझे लेकर दुनिया बसाना है मुमकिन।

ना तेरे सिवा कहानी हो पूरी,
ना तेरे साथ नया किस्सा है मुमकिन,
ना तेरे सिवा हो जीना गवारा,
ना तेरे साथ जीना है मुमकिन।

ये यादें

ये यादें भी बड़ी अजीब चीज है,
कभी हँसाती तो कभी रुलाती है,
कभी ताकत बन कर है उभरती,
तो कभी कमज़ोरी बन जाती हैं।

कभी अकेलापन है बांटती,
तो कभी अकेलापन का एहसास दिलाती है,
कभी जी भर के है सताती,
तो कभी हमदर्द बन जाती है।

कभी है अपनों सी लगती,
जो हमेशा अपनों की याद दिलाती है,
हरपल अपनापन है जताती,
कभी अनजानी सी लगती है।
ये यादें भी अजीब चीज है।

बेखुदी में जल रहा हूँ

बेखुदी में, मैं जल रहा हूँ,
तड़प तड़प कर मर रहा हूँ,
मिल जाए थोड़ा सुकून मुझे,
जो थोड़ी खुशी दे सकूँ तुझे।

हमेशा से प्यार में ये शिकायत रही है,
दिल तोड़ने की जो ये रिवायत रही है,
दिल तो मेरा टूटना ही था कभी ना कभी,
जो जिंदगी प्यार में पड़ने के लिए मचल रही है।

बेखुदी में, जो मैं जल रहा हूँ,
दिन था अब रात में ढल रहा हूँ,
बस प्यार की थी उम्मीद आप से,
वक्त के साथ थोड़ा मैं भी बदल रहा हूँ।

सोच रहा हूँ तेरे बारे में

सोच रहा हूँ मैं, बस तेरे ही बारे में,
देख रहा हूँ तुझे सबसे चमकते सितारे में,
मुरझाने लगते हैं फूल, जब तू ना हंसे,
ऐसा कुछ नहीं, जिसमें तू ना बसे,
तू तो है जहाँ के हर एक नजारे में,
सोच रहा हूँ मैं, बस तेरे बारे में।

चारो तरफ तेरा ही नज़ारा है,
तेरे वजह से जिंदगी बहारा है,
खुशी और ग़म तुझसे हैं जुड़े,
दोनों को करीब, खुदा लेकर आया है।

जगा दिया है उसने मोहब्बत बंजारे में,
सूरत नज़र आती है तेरी सर सफेद तारे में,
शुक्र मनाते हैं हम ऊपर वाले का सदा,
सोच रहा हूँ मैं, बस तेरे ही बारे में ।

इबादत

तुम बसे रहो मेरे आंखों में,
बसेरा हो तेरा इन पलको में,
कब्ज़ा हो आपका नज़र पर,
दिखाई दो तुम हर नज़ारों में।

दिल पे तुम्हारा अख्तियार हो,
धड़कनों को बस तुमसे प्यार हो,
प्यार ही प्यार झलके चेहरों पर,
दुनिया में बस तुम पर ऐतबार हो।

दिलो दिमाग पर आपका चेहरा रहे,
ख़यालों में भी बस तेरा ही पहरा रहे,
तेरी ही हुकूमत चले इन साँसों पर सदा,
प्यार करने वालों के सर पे खुशी का सेहरा रहे।

तू है दूर मुझसे

तू है मेरे घर से जो इतना दूर,
कहीं ना कहीं ये मेरा है कसूर,
दिल के करीब तो है ही तेरी बातें,
करीब मेरे साँसों के तू होगी जरूर।

प्यार पे मेरे है मुझे पूरा गुरूर,
चाहे जितना भी रह लो तुम दूर,
मैं भी तो हूं बेहद तनहा यहाँ,
वक्त पता नहीं क्यूँ हुआ मजबूर।

चाहे जितना भी करले ज़माना हमें दूर,
जुदाई आप से तो कभी नहीं था मंजूर,
साथ होंगे हम एक दूसरे के एक दिन,
किस्मत हो या चाहे ज़माने का दस्तूर।

आँसू आने नहीं देंगे

आंखों में आँसू कभी आने नहीं देंगे,
ग़म के बदल जीवन में छाने नहीं देंगे,
जिंदगी का तो छोड़िए पता नहीं मगर,
आपको कहीं दूर कभी जाने नहीं देंगे।

वक्त को तुम्हें तनहा बनाने नहीं देंगे,
तन्हाई को तुम्हें कभी सताने नहीं देंगे,
प्यार करते रहेंगे बेइंतहा मरते दम तक,
दिल को हद से ज्यादा बढ़ने नहीं देंगे।

वादा है किसीको भी बीच में आने नहीं देंगे,
बाहों में भर लेंगे तुम्हें और जाने नहीं देंगे,
सर पर बिठा लेंगे राजा के ताज़ की तरह,
आँखों में आँसू कभी भी आने ही नहीं देंगे।

अनकही

कभी हमारी भी सुनो तो ज़रा,
कभी अपनी सुनाओ तो ज़रा,
हम तो बैठे हैं आपकी बातें सुनने,
दिल की बात बताओ तो ज़रा।

कभी हमें अपना समझो तो ज़रा,
अपनी कभी समझाओ तो ज़रा,
हम तो चाहते हैं दिल लगाना,
धड़कनों में बस जाओ तो ज़रा।

कभी हमारे करीब आओ तो ज़रा,
अपने करीब आ जाने दो ना ज़रा,
हमको तो लत सी लगी हुई है आपकी,
हमारी पुरानी आदत बन जाओ ना ज़रा।

अरमान

अरमान यह था इस मासूम दिल का,
के धड़कनों से तेरी हमेशा होती रहे बात,
तेरी बाहों में बस गुज़रे मेरी हर रात,
जिंदगी बीत जाए तेरे हसीन आगोश में,
और फिर एक दिन मौत से हो जाए मुलाक़ात।

जिंदगी चलती रहे मेरी तेरे साथ,
भीगते रहें साथ साथ हर बरसात,
ख़तम ना हो ये खूबसूरत एहसास,
कभी ना बदले तेरे मेरे बीच ये हालत।

मौसम बदलें पर हम साथ रहें,
हाथों में हाथ लिए हम साथ रहें,
भले हो लाखों तूफान जीवन में,
हवा और खुशबु जैसे हम साथ रहें।

सिर्फ तू

हर तरह की यादों में तू,
अकेली काली रातों में तू,
कसमों और वादों में तू,
देखे हुए हर ख्वाबों में तू,
बेचैन मेरे इन आंखों में तू,
नाजुक इन पलकों में तू,
दिन के हर पहलू में तू,
खुद से हुए मुलाकातों में तू,
दिल की सुर्ख दीवारों में तू,
धड़कते हर धड़कनों में तू,
मेरे मन के हर ख़यालों में तू,
दिल के हर बातों में तू।
बस तू, सिर्फ तू, तू ही तू।

ईरादा ना था

तेरा दिल दुखाने का ईरादा ना था,
तुझे यूँ सताने का ईरादा ना था,
तेरे उम्मीद से भी ज्यादा प्यार है मुझे,
प्यार को ऐसे जताने का ईरादा ना था।

तुझे कभी रुलाने का ईरादा ना था,
प्यार करके भुलाने का ईरादा ना था,
तुझे भी जरूर होगी यह हकीकत मालूम,
तेरा दिल दुखाने का मेरा ईरादा ना था।

दुनिया से छुपाने का ईरादा ना था,
तुझे तकलीफें बताने का ईरादा ना था,
आंखों में आँसु नहीं होंठों पर हँसी अच्छी,
अंधेरी जिंदगी में तुम्हें लाने का ईरादा ना था।

कोई कहे

कोई कहे दिल लगाना प्यार है,
कोई कहता दिल लुभाना है प्यार,
हमको तो बस यही लगता है यार,
आशिकी में जान लुटाना है है।

कोई कहे खुशियों से होता है प्यार,
कोई कहता ग़म दे दे अपने यार,
कोई कहे तुम से है मेरी पूरी जिंदगी,
कोई कहे मरते दम तक रखूँगा तेरा खयाल।

कोई कहे मुलाकातों से है प्यार,
कोई कहता आदतों से है प्यार,
किसीको बातों से होती है मोहब्बत,
तो कोई कहे धड़कनों पर मरता हूँ मैं यार।

सुहानी है शाम

सुहानी है ये शाम,
और हसीन है समा,
मौसम है प्यारा प्यारा,
और दिल भी है जवान।

कबतक नजरें चुराओगी,
जब तुम्हारा ठिकाना है यहाँ,
चली जाओ चाहे जहां जहां,
पाओगी हमको वहाँ वहाँ।

मंज़िल दिखाई दे इतनी करीब,
जो अगर तेरा साथ हो नसीब,
एक दूजे से जुड़ी है जिंदगी हमारी,
मुझसे दूर होकर भला जाओगी कहाँ।

क्या रखा है

मेरी आवाज़ में क्या रखा है,
यह तो झूठ बोल सकतीं है,
करीब से मेरी धड़कनें तो सुनो,
ये मेरे हर राज़ खोल सकती है।

इस जिस्म में अखिर क्या रखा है,
ये तो एक उमर में बिखर सकती है,
प्यार करो तो रूह से जुड़कर करो,
जो आशिकी में हरपल निखर सकती है।

इस बेरुखी जिंदगी में क्या रखा है,
यह तो एक पल में साथ छोड़ सकती है,
भरोसा करो तो तकदीर से आगे मौत पे करो,
जो इश्क के लिए कायनात के उसूल तोड़ सकती है।

कहाँ है तू बता

कहाँ है तू मुझको बता,
दस्तक देजा दिल पे तू,
और यूँ ना मुझको सता,
अरसा हो गया इन्तेज़ार को,
अब तो अपना दे जा पता।

ढूँढता रहा तुझे दर बदर,
पा ना सका तुझको मगर,
आ जा अब बाहों में मेरे,
मिलेगी मुझे, अब तू किधर।

खो गया हूँ मैं इस कदर,
धुंधली हो चली है मेरी नज़र,
ये वक्त का खेल है या उम्र की मार,
शुरू ना हो पाया तेरे संग सफर।
माफ़ करदे जो हुई हो खता,
और यूँ ना तू मुझको सता,
बस बाहों मैं कस कर पकड़ ले,
और कानों में मेरे तू दे जा पता।

अनकही दास्ताँ

मेरे लिए बस तेरा ही है सहारा,
मैं हूँ एक नदी तो तू है किनारा,
दूर रहकर भी साथ रहते हो मेरे,
यही जिंदगी है नसीब है हमारा।

यूँ किसी मोड़ पे मिलना तुम्हारा,
ये भी किस्मत ही का था इशारा,
जो इतना था खास तू जीवन में,
तो कैसे हो तेरे बिन जिंदगी का गुजारा।

तू थी कुंवारी और मैं भी था कुंवारा,
ना जुड़ पाए कभी ऐसा रिश्ता हमारा,
तेरे रास्ते अलग और मेरी राह हुई दुजी,
तुम्हारी बातें करता नहीं थकता ये दिल आवारा।

राहत

आज काफी अरसों के बाद,
जिंदगी में मेरे थोड़ी राहत है,
मरने का कोई खौफ नहीं है,
बस आंखों में जीने की चाहत है।

ये किसकी दुआ हुई है कुबूल,
या बस खुदा की इबादत है,
मुद्दतों के बाद ऐसा हुआ है के,
रब के लिए ना कोई शिकायत है।

खुशी के खनकार ज्यादा और,
दुखों की ना ज्यादा आहट है,
अंधेरे का असर है बहुत कम,
रोशनी की आज ज्यादा ताकत है।
अरसों के बाद कुछ ऐसा हुआ,
के जीवन में मेरे थोड़ी राहत है।

हकीकत

जहाँ में सबको प्यार की अरदास है,
मन में सबके दिलदार की आस है,
मिल जाती है जिसको प्यार की एक भी बूंद,
मान लो के नसीब उसका सबसे खास है।

दिल में अरमानों की तलाश है,
इसलिए इनसान चाहतों का दास है,
सब कुछ अगर तुम्हें हो भी जाए हासिल,
फिर भी मन में रहती प्यास ही प्यास है।

महबूब का दिल दिलदार के पास है,
प्यारे लोगों के लिए हर रिश्ता खास है,
मिलकर आप से कुछ ऐसा लगा दिल को,
किस्मत को खुश किस्मत होने के लिए आपकी तलाश है।

कुरबत

कदर तेरे प्यार का मेरे दिल में ना था,
असर मुकद्दर का लकीरों में ना था,
समझ में आई तेरी एहमीयत् जब मुझे,
तब सुधर पाना मेरे किस्मत में ना था।

ऐसी बेरुखी मेरे फितरत में ना थी,
कोइ धोखेबाजी मेरे हसरत में ना थी,
मुझे मिला था तेरा साथ इतनी मुश्किलों से,
खुशनसीबी शायद कुदरत में ना थी।

कर्मों की सज़ा होती है माफ़ी नहीं,
तेरे आगे बस सर झुकाना काफी नहीं,
बना ले मुझे तू अपना, चाहे गुलाम ही सही,
ख़तम हो चुका है वक्त के जिंदगी बाकी नहीं।

तेरी अदा है मस्तानी

तेरी सारी अदायें है मस्तानी,
और तेरी ये सूरत है सुहानी,
जिस्म में है कोई अनोखी बात,
इस जवानी में ही है रवानी।

तेरा दिल दुनिया में सबसे खूबसूरत,
इसमे बसती है भोलेपन की मूरत ,
खुदा से प्यारा है आपका अंदाज,
ना हो सके कोई आपसे नाराज,
हर खुशी की वजह से है तू जुड़ा,
हर बुराई से तूने है जो मुहँ मोड़ा,
यही आदतें तेरी करती है दीवानी,
तेरी सारी अदायें हैं मस्तानी।

बेशुमार प्यार

तुझे इतना प्यार जो मैं करता हुँ,
के तेरे बिन जीने से भी डरता हुँ,
मुमकिन नहीं तेरे बगैर जिंदगी मगर,
तुझसे प्यार करने का हरजाना रोज़ भरता हुँ।

तेरे प्यार में मैं रोज़ निखरता हुँ,
कभी गिरता, कभी संभलता हुँ,
जिंदगी तो छोड़ भी दे दामन मेरा,
पर मैं मरने से रोज़ मूकरता हुँ।

यादों के गलियारों से रोज़ गुज़रता हुँ,
कभी जीता हुँ तो कभी मरता हुँ,
साथ होकर भी साथ नहीं होते हम,
हर उजड़े वादों के साथ मैं भी उजड़ता हुँ।

नाकाम कोशिश

कोशिश तो की थी तुमको भूल जाने की,
चाह कर भी तुम्हारे पास ना आने की,
पर दिल बेचारा यूँ बेकाबू जो हो गया,
के हर कोशिश बेकार हुई तुमसे दूर जाने की।

चुराया है तुमने मुझसे मेरी नींद,
समाई हो ऐसे, जैसे भारत में सिंध,
तुम हो रास्ता मेरे बिगड़े सुरों को पाने का,
कोशिश ना होगी कामयाब तुमसे दूर जाने का।

कब्जा है तुम्हारा मेरे हर खयाल पर,
ज़िकर है तुम्हारा मेरे हर सवाल पर,
तू मुखड़ा है किसी मशहूर गाने का,
वक्त है अब तेरे मेरे करीब आने का।

आपका अंदाज़

बोलना आपका जैसे खुदा की आवाज़ है,
सूरज की रोशनी तेरे होने का ही आगाज़ है,
आपकी मेहरबानी से दूर हुआ मेरे मन का अंधेरा,
खुशियाँ लेकर आना आपका ही अंदाज़ है।

आप कभी ना भूलने वाला एहसास हो,
तभी तो हरपल आप दिल के पास हो,
जब जब भी रहे हैं आप करीब मेरे,
हर बीता पल आप ही के वजह से खास हो।

आपकी आवाज़ में खुशियों का साज है,
आपके वजूद में छुपा जीवन का राज़ है,
आप ही से शुरू और आप ही पर खत्म हर किस्सा,
सुकून और अमन लेकर आना आपका अंदाज़ है।

बारिश का मौसम

बारिश का मौसम है,
सुहाना है देखो समा,
साथ भीगने की रसम है,
दिल दोनों के हैं जवां।

लिखेंगे एक प्यारी दास्ताँ,
बनायेंगे एक अलग रास्ता,
छोड़ ना जाना साथ कभी,
तुझे मेरे प्यार का है वास्ता।

दिल की ख्वाहिशें सारे तेरे नाम,
आकर गले लग जा मेरी जान,
गीली सड़कों पे भीगे भीगे हम,
हाथों में दोनों के एक एक प्यार का जाम।

प्यार के डोर से हूँ बंधा

तेरे प्यार के डोर से हूँ बंधा,
बेताब तमन्नाओं को दूँ पनहा,
फिरता रहूं प्यार में दीवाना बनकर,
शेयरों की दुनिया में फ़साना बनकर,
एक लौता सहारा है तेरी चाहत,
इसी से मिलती है दिल को राहत,
तेरी यादें हैं जैसे आशियाना मेरा,
मोहब्बत में ये दिल दीवाना तेरा,
मेरे हर पल में उम्मीद दिलाती है,
इसी तरह मेरा साथ निभाती है,
के अकेले में भी ना होता हूँ तन्हा,
तेरे प्यार के अटूट डोर से हूँ बंधा।

तुम्हारी यादों में

कितना तुम्हें मैंने याद किया,
खुदा से हमेशा फ़रियाद किया,
रोजाना तेरी याद और फ़रिया में,
नींद और सपना दोनों बरबाद किया।

हमेशा पास देखने की ख्वाहिश है,
हरपल तेरे साथ की फर्माइश है,
तस्वीरों से निकल के दिल में आजा,
तुमसे बस इतनी सी ही गुज़ारिश है।

दूरियाँ नहीं नजदीकीयों की तलब है,
प्यार बेशुमार और इश्क का अदब है,
दूर से देख कर पहले तसल्ली कर लेते थे,
अब घर के चौकठ पे पड़ने तुम्हारे कदम हैं।

गुलाम तुम्हारा

मुझपर यह इलज़ाम दोबारा हो गया,
के दिल यह गुलाम तुम्हारा हो गया,
कल तक तो आप करते थे इन्तेज़ार,
आज हमारी नजरें गड़ी हैं राहों पे यार,
ना समझा सके तुम्हें अपना हाल तो,
प्यार में यूँ दिल लुटाना है बेकार।
इश्क में दिल नीलाम हमारा हो गया,
और तबसे ये गुलाम तुम्हारा हो गया।

इन्तेज़ार जैसे आप ही का था मुझको,
चुरा लेंगे हम एक दिन तुझी से तुझको,
याद करना तुमको जैसे जीने का सहारा हो गया,
दिल ना जाने कबसे गुलाम तुम्हारा हो गया।

याद तेरी सताती है

याद तो तेरी बहुत आती है,
हर पल हर लमहा सताती है,
पर शायद ना हो ऐतबार तुमको,
सुन के देख धड़कनें मेरी यही बताती है।

मुद्दत के बाद जो तुम्हें पाया है,
कुदरत ने कैसा खेल रचाया है,
उलझते गए हम इस उलझन में,
खो गया सब, जो भी बचाया था।

किसी राही ने हमराह को ये बताया था,
के राहों से पहले कुदरत ने मंज़िल बनाया था,
राहें तो जरूरत और हकीकत के हिसाब से बदलती रहती हैं,
कैसे भूल जाऊँ उस इंसान को जिसने ये सच दिखाया था।

दिल कहता है

यार तेरे साथ गुज़र जाए ये पल,
मैं हूँ शायर और तू मेरी ग़ज़ल,
गुनगुनाता रहूं मैं इसको हरपल,
चाहे आज हो चाहे हो जाए कल।

प्यार में दिल जैसे जाता है मचल,
लगता है, जान जाएगी निकल,
जी भर के जीलो प्यारे पलों को,
इससे पहले के वक्त जाए बदल।

इश्क में तेरे दिल गया है फिसल,
चाहत देख, सब जाएंगे पिघल,
हर मुश्किल पार कर लेंगे हम,
ना कर पाए तो जान जाएगी निकल।

क्यूँ

क्यूँ हो गई तू मुझसे दूर,
क्यूँ हो गई तू बेगानी सी,
क्यूँ पहले बनी मेरा फितूर,
और फिर हो गई अनजानी सी।

क्यूँ तोड़ दिए सारे उसूल,
क्यूँ लगती हो कहानी सी,
क्यूँ खो गई बनकर धूल,
जैसे करनी हो मनमानी सी।

क्यूँ बिना पता के हो गई लापता,
क्यूँ जब मिली तब लगती रही दीवानी सी,
क्यूँ नहीं थामा दूसरी छोर से अपना दुपट्टा,
क्यूँ जान देकर बचाया जान मेरी,
जो लगती है मुझे बेईमानी सी।

प्यार बेशुमार

प्यार तुझपर इस कदर उमड रहा है,
के सबको मोहब्बत कम पड़ रहा है,
सिर्फ तेरा ही हक् है इस प्यार पर,
तेरी वजह से ही ये एहसास निखर रहा है।

बिना तेरे दीदार के,
ना पुरा हो मेरा दिन,
तेरी प्यारी यादों से,
होता है मेरा दिन हसीन।

हसीन पल और पलों में वो नाज़नी,
वो नाज़नी लगने लगी दिलकशि,
इन्हीं दिलकशि के प्यार में दिल बिगड़ रहा है,
प्यार तुम पर इस कदर उमड रहा है।

मौसम बदलते गए

मौसम के बाद एक मौसम गुज़रते चले गए,
प्यार के इंतजार में दिल धड़कते चले गए,
बिना वजह ये दिल भी हो बैठा बेकाबू,
और हम इसकी दीवानगी परखते चले गए।

प्यार की बारिश के लिए तरसते चले गए,
पर ये बादल कहीं और बरसते चले गए,
कितना किया इन्तेज़ार इसके आने का हमने,
पर उनके इरादे हर रोज़ बदलते चले गए।

उनके झूठे वादों पे हम फिसलते चले गए,
हाँ कहा भी नहीं और हम उछलते चले गए,
सच कहते हैं कहने वाले के प्यार अंधा होता है,
बिना बुलाए उनके पीछे निकालते चले गए।

अन्धाधुन्ध मोहब्बत

अन्धाधुन्ध तुमसे मोहब्बत की,
रब से रोज़ तेरे लिए इबादत की,
हो गया ऐसे एक दिन दूर मुझसे,
जो एक दो बार मैंने शिकायत की।

हर ख्वाहिश को तेरे लिए रुखसत की,
बस हर पल तुम्हारी ही चाहत की,
मरने से कभी ना लगा है डर मगर,
हमेशा से तेरे संग जीने की हसरत की।

मिलेगा तेरा साथ बस इसी बात की राहत थी,
बन जाएगी बात बस एक ऐसी मुलाक़ात की चाहत की,
ना बनी बात ना जुड़ा साथ ना ही कोई मुलाक़ात,
याद नहीं रहा मुलाकात बस ऐसी एक रात की दावत थी।

ख़यालों में आता है

ख़यालों में मेरे आता है,
वो तेरा मुझ पर हर बार बिगड़ना,
प्यार का इज़हार करके मुकरना,
वक्त थम सा जाता है तेरी याद में,
और हर याद में तेरा वक्त बनके गुजरना।
ख़यालों में आता है मेरे।

बढ़ते रिश्ते के साथ एहसासों का निखारना,
प्यार की कसौटी में तेरा मुझको परखना,
लाखों बार ख़फ़ा होकर भी एक दूसरे से,
वो छोटी छोटी बातों पे दिल का एक साथ मचलना,
खयालों में आता है मेरे।

बस तू है

बंद आंखों में तू है,
सुनी ख़्वाबों में तू है,
तू है मेरे वजूद से जुड़ा,
मेरे हर साँसों में तू है।

अपनों के दिलों में तू है,
मेरी इन् धड़कनों में तू है,
तू है हर ख़यालों में मेरे,
दिल की मन्नतों में तू है।

अच्छे बुरे पलों में तू है,
हम दोनों के घरों में तू है,
तुमसे अच्छा ना देखा मैंने,
शहद की तरह लबों पे तू है।

तुम हो मेरी नसीब

तू इस दिल के सबसे है करीब,
तुम ना हो तो हम हो जाएं गरीब,
वैसे तो आवारा सा फिरता है दिल,
बस तुम्हारे आगे बनता है शरीफ।

ये कैसा है चेहरा मेरे एहसासों का,
इनपर पहरा है तेरी इन साँसों का,
तुम्हें पाकर झूम उठा है ये दिल मेरा,
जैसे त्योहार आ गया हो बताशों का।

तुम्हें पाना इस दिल का है नसीब,
तुम्हारे बगैर मन्दिरों में जले ना दीप,
तुम हो बस तुम ही हो चारो तरफ मेरे,
एक पल भी अलग ना रहूं जो कोई हो तरकीब।

आशिक का जनाज़ा

रुख़सत् हुआ है आशिक आज ज़माने से,
सलाम किया आशिकी को अपने जनाजे से,
यूँ तो पा ना सका वो अपनी मोहब्बत को,
पर नाम कर गया वो अपने फ़साने से।

दिल के ज़खम दिखते नहीं दिखाने से,
प्यार आजकल टिकते नहीं आज़माने से,
कदर नहीं है ज़माने में सच्चे चाहत की,
हमदर्द तक मिलते नहीं जान लुटाने से।

देखते रहे सब आँसु भी बहाया बहतों ने,
बस जीते जी ना थामा किसी भी हाथों ने,
हो गया वो दफन दो गज़ ज़मीन के अंदर,
मर तो पहले ही गया था वो,
बस उसको जिंदा रखा था उसी की चाहतों ने।

जरूरत ना पडी

समझाने की जरूरत ना रही,
और देखो वो समझ भी गए,
बताने की जरूरत ना पडी,
और देखो रिश्ते सुलझ भी गए।

बुलाने की जरूरत ना पडी,
और वो दिल में उतर भी गए,
कहने की जरूरत ना पडी,
और वो ख़यालों से गुज़र भी गए।

पालकें झुकाने की जरूरत भी ना रही,
और वो यूँ जिंदगी में आ गए,
साँसों के हरकतों की जरूरत भी नहीं रही,
दीवानगी हमारे दिलों में आ गए।

दिल जब से है टूटा

उजाले का जब से साथ है छुटा,
तबसे मैंने अंधेरे को ही जाना है,
खुदा पे जब से, यार मैं रूठा,
तबसे शायद ही किसीको पहचाना है।

जिंदगी से जब से भरोसा है टूटा,
तबसे ना किसी मंजिल को जाना है,
प्यार से जब से ऐतबार है उठा,
तबसे ना किसी रास्तो को अपनाना है।

बेमतलब जज़्बातों से निकला मुखौटा,
तबसे हमने एक ही सच जाना है,
प्यार अकसर निकलता है झूठा,
दिल की बातें किसीको ना बताना है।

टूटे दिल की आरजू

तुमको ही हमेशा था पाना,
तेरे ही ख़यालों में था आना,
पर तुमने ना निभाया साथ मेरा,
छोड़ा मुझे, जब जब था अपनाना।

एक गीत, जो तुम्हें था सुनाना,
एक बात, मुझे तुमको था बताना,
चाहे जितनी भी नफरत दिल में,
अपनों को छोड़ कर कभी ना जाना।

याद है, तुम्हें मेरे यादों में था छाना,
इन्तेज़ार में तुम्हारे बैठा परवाना,
शायद यही नाता था हमारे दरमियान,
रिश्ता बना लिया पर ना आया निभाना।

अनकही प्यार की बात

उनकी निगाहों से कैसे नहरें हटाऊँ,
जो एक कशिश सी भर देती है दिल में,
इस कशिश को मैं भला कैसे छुपाऊ,
जो निगाहें खोल देती है राज़ पल भर में।

बेवफा कभी होना मत मुझसे,
रुसवा हो ना पाऊंगा तुमसे,
गुम हो जाऊँगा तेरी आंखों में,
और तुमको जोड़ लूँगा खुद से।

अपने अन्दर की प्यास को कैसे बुझाऊँ,
दिल का हाल भला कैसे बताऊँ,
थक तो जाती होगी वो दिन भर में,
तुझसे इतना प्यार है मेरा मैं कैसे भला तुम्हें सताऊँ।

चल पड़ो मेरे साथ

छोड़ कर बंधनों का हाथ,
चल पड़ो ना बस मेरे साथ,
सिर्फ मैं और तुम हों वहाँ,
बस हम तुम और सामने सारा जहाँ।

बस तुम रहो और बस मैं रहूँ,
मेरे दिल में तुम और तुम्हारे दिल में मैं रहूँ,
बातें करूँ बस तुम्हारी सबसे मैं,
तुम्हारी हर साँस में, मैं बहूँ।

हमेशा प्यारी प्यारी बातें बोलते रहो,
प्यारे न्यारे किस्से सुनाते रहो,
बस छोड़ कर सारे बंधनों को और,
बैठ कर एक दूसरे की बातें सुनते रहो।

कभी मैं बारिश

कभी मैं बारिश हूँ,
असमान से उतरता, छतों से गुज़रता,
ज़मीन पे जो गिरता,
पल में रूप बदलता हूँ।
कभी जो मैं बारिश हूँ।

कभी मैं हवा हूँ,
घरों में रेहता, बागों में बेहता,
साँसों में बिखरता,
किसी मरते हुए के लिए दवा हूँ,
कभी जो मैं हवा हूँ।

कभी मैं आग हूँ,
भूख मिटाता, जीवन को जलाता,
दोस्त हूँ कहलाता,
छोटी सी गलती से दुश्मन भी बन जाता,
ना जाने कैसा दाग हूँ,
कभी जो मैं आग हूँ।

अपनी चाहत के लिए

करीब से तुमको जाना है,
रूह को तेरे पहचाना है,
तू है कोई अलग मुझ से,
दिल ने यह कभी नहीं माना है।

कहता रहा जो ज़माना है,
गैरों से हमदर्दी ना जताना है,
कोई भी तो नहीं है गैर यहाँ,
ये समाज को आज बताना है।

चाहत का रंग तुम को लगाना है,
असर जो हुआ, वो दिखाना है,
दुनियादारी के झमेले से होंगे दूर,
यही हुनर बस सिखना सिखाना है।

जिंदगी का मतलब

जो अगर जिंदगी हो बदसूरत,
तो मौत से हसीन कोई नहीं,
जो अगर वफादार बने कुदरत,
तो जिंदगी में कमी कोई नहीं।

जो अगर हरपल दिखे यार की सूरत,
तो उससे ज्यादा करीब कोई नहीं,
जो अगर किसीको वफा ना हो नसीब,
तो उससे ज्यादा गरीब और कोई नहीं।

जो अगर हो ऐतराज़ जीवन की कुरबत से,
तो मेहनत से अच्छा और कोई नहीं,
जो अगर ऐतबार हो जिंदगी पे फ़ुरसत से,
तो ज़हमत से ज्यादा सच्चा और कोई नहीं।

जिंदगी में है तन्हाई सी

जिंदगी में है एक तनहाई सी,
किसी बेज़ुबान की परछाईं सी,
दर्द है के कभी कमता ही नहीं,
दिल है के कभी थमता ही नहीं,
हालत जैसे बिगड़ते ही जा रहे हैं,
मेरा और जिंदगी का साथ जमता ही नहीं।

जिंदगी में है एक तनहाई सी,
जो किसमत की है मनमानी सी,
मतलब एहसास का बदलने लगा,
दिल अचानक से मचलने लगा,
जैसे प्यार के लिए तरसता दिल,
जैसे सागर के होते हैं दो साहिल,
जिंदा हैं पर बजती रहती है मौत की शहनाई सी,
जिंदगी में है एक अजीब तनहाई सी।

बस मन है

बातें बनाने का मन है,
पर जुबान पे लफ़्ज़ नहीं,
यादें सजाने का मन है,
पर हाथों में वक्त नहीं।

अदाएं सिखाने का मन है,
पर इश्क में वो असर नहीं,
नजारें दिखाने का मन है,
पर किसीके पास वो नज़र नहीं।

वादें निभाने का मन है,
पर प्यार का दामन नहीं,
बारिश में भीगने का मन है,
पर तक़दीर में सावन नहीं।

खूबसूरती

तेरी खूबसूरती पे दिल में एक बात है आई,
तेरी ये जो जुल्फें हैं जैसे कोई परछाईं,
तू है नन्हें परियों की तरह एक दम मासूम,
तेरे वजूद ने ही है दुनिया में खुदाई लाई।

ऐसी सादगी कभी हमने देखी ना थी,
सादगी ने ऐसी सच्चाई सीखी ना थी,
यह तो बस खुदा की ही रेहमत है,
जो बनाने में तुम्हें उसने उठाई ज़हमत है।

उसने शिद्दत से ऐसी हसीन चीज़ बनाई है,
जैसे सारे जहाँ का पानी रेगिस्तान में बरसाई है,
तेरे खूबसूरती देख ये बात दिल में आई है।
तेरी ये जो जुल्फें हैं जैसे कोई परछाईं है।

पुराने यादों से

पुराने यादों से आंखें हो गई नम,
लंबे सन्नाटों से वफा हो गई कम,
क्या होगा जब हक मांगेगा कोई,
प्यार में हमने खाई थी जो कसम।

मजबूर इश्क वादें निभा ना सका,
मंज़िल तक कदम बढ़ा ना सका,
प्यार में आ गईं सदियों की दूरी,
चाह कर भी परवान चढ़ा ना सका।

पुराने यादों से आंखों हो गई नम,
दाखिल हुई ख़यालों में छम् छम्,
क्यूँ यहां होती हैं ऐसी मजबूरियां,
इसी सोच से निकलने लगा है दम।

जो अब गुज़र गया

जो गुज़र गया, वो गुज़रा नहीं,
जो आने वाला था, वो आया नहीं,
वक्त खेलता है जिंदगी में खेल ऐसा,
जो ठहरा हुआ था, वो चला नहीं।

इतने दिनों तक सोता रहा,
दिल ही दिल में रोता रहा,
ज़मीर है ही ऐसा जीवन में,
जो अक्सर रुबरु होता रहा।

जो खुशियाँ थी, वो रही नहीं,
जो कमियाँ थी, वो भरी नहीं,
तक़दीर का अलग ही हिसाब है,
जो खामियाँ थी, वो कमी नहीं।

बेइंतहा मोहब्बत ये मेरी

तेरी बातों को मन ही मन सुनता रहूँ,
तेरे यादों को लेकर सपने बुनता रहूँ,
वार दूँ अपनी सारी खुशियाँ तुम पर,
और तेरी मुस्कराहट में खुशी ढूँढता रहूँ।

लाखों करोड़ों में भी तुम्हें चुनता रहूँ,
तेरे प्यार की उम्मीद में भटकता रहूँ,
तुझे चाहे हो या ना हो मोहब्बत मुझ से,
धड़कनों में बस तेरा ही नाम सुनता रहूँ।

तेरी मर्ज़ी के आगे रोज़ झुकता रहूँ,
तेज़ दुनियाँ में भी एक तेरे लिए रुकता रहूँ,
एक दिन जरूर साथ होगा हम दोनों का,
तब तक ख़यालों में प्यार बन कर बरसता रहूँ।

तुमसे है मोहब्बत

चेहरा तेरा आंखों में है,
ख़याल तेरा सपनों में है,
याद तेरी हर पल है आती,
खुशबु तेरी इन् बहारों में है।

तसवीर तेरी चांद तारों में है,
वजूद तेरा खुदा के इशारों में है,
अगर जीकर तेरा है हसीनों में,
तो नाम मेरा भी दिलदारों में है।

घर तेरा सबके दिलों में है,
बातें तेरी सबके होंठों में है,
सबसे ज्यादा प्यार है मुझे तुझ से,
यूँ ही नहीं बसेरा मेरा बंजारों में है।

हमेशा तेरा नाम

हमेशा तेरा नाम पुकारता रहूँगा,
खुद अपने दिल से हारता रहूँगा,
नजरों को राहों में जमाए बैठकर,
हर पल बस तुम्हें निहारता रहूँगा।

चुप चाप तुझसे मोहब्बत करेंगे,
खुदा से बस तेरी मन्नत करेंगे,
चाहे खुद ही हो जाएं बरबाद,
तेरी बाहों को जन्नत कहेंगे।

यादों को तेरी सवारते रहेंगे।
फिर भी किसीके पूछने से मुकरते रहेंगे,
दूर से देख कर खुश रहने की आदत है,
बस हमेशा तेरा नाम पुकारते रहेंगे।

पिछे कुछ छुट गया

लगता है आज कल कुछ ऐसा,
जैसे पीछे कुछ छुट सा गया है,
अपना हमारा करीबी यार कोई,
हमसे मानो जैसे रूठ सा गया है।

पहली बार इस जिंदगी में हमें,
पीछे मुड़ने का दिल कर रहा है,
बैठ कर कहीं दूर अकेले में आज,
जी भर के रोने को दिल कर रहा है।

भले ही जीवन में आज कल,
नया पन्ना मानो जुड़ सा गया है,
पर सफर के कहीं किसी मोड़ पे,
दिल अपनों का टूट सा गया है।
लगता है पिछे कुछ छुट सा गया है।

एक दिन आयेगा

एक दिन ऐसा जरूर आयेगा,
जब हाथों में मेरे गुलाब होगा,
दिल में चाहे जितने हो सवाल,
होंठों पे बस एक ही जवाब होगा।

प्यार जगा के, दिल का हाल सुना के,
मौसम में आपके आने से जो शबाब होगा,
पास बुला के, गले से लगा के,
उनको पाकर मेरा क्या रुबाब होगा।

दिल धड़काके मेरा होश उड़ा के,
उनके हुसन से नशीला क्या शराब होगा,
उनको बिठाके, दिल की बात बता के,
सच करना है जो भी ख्वाब होगा।

एक ऐसी मुलाक़ात

आज फिर उनसे मुलाक़ात हुई,
आंखों ही आंखों में जो बात हुई,
सवाल पे सवाल करता रहा दिल,
और जवाब के इन्तेज़ार में आधी रात हुई।

हमेशा से जैसे आप ही का इन्तेज़ार था,
बस तुम ही से हमको प्यार था,
इतना बस अगर कह दो कभी,
मुझे इसी बात का ऐतबार था।

ऐतबार में बस धड़कन ही साथ हुई,
तनहाई भरे लमहों की बरसात हुई,
बार बार सोच में तुमको ही पाया और,
इस मर्तबा यादों से भी मुलाक़ात हुई।

उनकी और हमारी आदत

दिन गुज़रे कितने रात गुज़रे,
सावन के कितने बरसात उतरे,
प्यार से दिल भरा नहीं हमारा,
और हो गए इस दिल के टुकड़े।

दिल में प्यार का समुंदर था,
और एहसासों का था सैलाब,
राह पर हमेशा नज़र थी हमारी,
और हाथों में आपके लिए गुलाब।

ना जाने क्यूँ असर कर जाते हैं,
हम पर ये भोले भले से चेहरे,
हम भी उनके नाम कर आते हैं,
हर बीते रात और हर नए सवेरे।

आंखें बोलती रही

आंखें तो बोलती रही,
जुबां फिर भी चुप थे,
धड़कनें तो गाती रही,
साँसें फिर भी चुप थे।

अचानक कदम बढ़ने लगे,
दोनों के दोनों फिर भी चुप थे,
असमान से बूंदे पड़ने लगे,
एहसास फिर भी चुप थे।

भीग रहा था सारा बदन,
हरकतें फिर भी चुप थे,
मचल रहा था दोनों का मन,
आशिक फिर भी चुप थे।

ईरादा

मेरे यहां पर प्यार की बारिश है,
पर उसको शायद भीगने का ईरादा नहीं,
आँखों में मेरे उसीकी ख्वाहिश है,
पर उसके पालकों में ऐसा कोई वादा नहीं।

शायद उसका दिल कुछ और चाहता है,
शायद मेरा दिल उसे समझ नहीं पाता है,
अजीब सी बातें चलती हैं दिलों के बीच,
दिल अपने दिल की बात बताता नहीं है।

जज़बात अलग हैं इनके,
एक अधूरा है बिना उनके,
मुश्किल है तो बस यही के,
रहेंगे सदा ये अनजान बन के।

प्यार की ताक़त

जो है अगर मेरे प्यार में ताक़त,
तो चाहत को ना मौत आएगी,
जो साँस रुक भी गई तो इसकी,
इसके साथ मेरी भी जान जाएगी।

तुम्हें यूँ जाने ना दे पाउंगा मैं,
तेरे बगैर अकेला हो जाऊँगा मैं,
प्यार है तुमसे जिंदगी से ज्यादा,
तेरे लिए मौत से भीड़ जाऊँगा मैं।

तुमको खुद से दूर देख नहीं सकता,
तुम मुझसे अलग हो जाओ ये हो नहीं सकता,
मौत को भी किनारे निकल जाना होगा,
तेरा मेरा नाम यूँ जुदा हो नहीं सकता।

दिल की बात

ये है देखो, मेरे दिल की बात,
ध्यान से सुनो, है कुछ खास,
करना है इज़हार, बीते जो रात,
कह दूंगा जाकर, कितनी है आस।

जब से है मैंने तुमको जाना,
चाहा है बस प्यार ही पाना,
तुम ही तुम आती हो नज़र,
प्यार में हो गया हूँ दीवाना।

तुमको बस यही था बताना,
फ़ुरसत में था धड़कनें सुनाना,
एक बार जो सुन लो बात मेरी,
मुश्किल हो जायेगा दूर जाना।

किसी और से

प्यार किसी और से है,
वफा किसी और से,
वजूद किसी और से है,
रज़ा किसी और से।

रिश्ता किसी और से है,
एहसास किसी और से,
करार किसी और से है,
पर सुकून किसी और से।

इश्क किसी और से है,
उन्स किसी और से,
जिंदगी किसी और से है,
वादा किया किसी और से।

अखिर क्या है प्यार

अगर प्यार हवाओं में है,
तो फ़िज़ाओं में भी है प्यार,
अगर प्यार बहारों में है,
तो घटाओं में भी है प्यार।

अगर प्यार नज़र में है,
तो निगाहों में भी है प्यार,
अगर प्यार चांदनी में है,
तो सितारों में भी है प्यार।

अगर प्यार वफाओं में है,
तो इशारों में भी है प्यार,
अगर प्यार आशिकी में है,
तो मीठी यादों में भी है प्यार।

तुम्हारे होने का असर

धड़कता दिल, दहकती साँस,
फड़कता जिगर, उमडता एहसास,
तुम्हारा इन्तेज़ार था इनको हमेशा से,
जैसे मचलना मन, बढ़ती प्यास।

तुम्हारे कदम जिंदगी में क्या पड़े,
अचानक हम जैसे जिंदा हो गए,
जाने कबसे थे साँसें रोके हुए पड़े,
अचानक से जैसे सारे रास्ते खुल गए।

बेजान सा था ये दिल,
तुम्हें देख धड़कने लगा,
कभी ना फीसला जो कहीं,
तुमको देख के मचलने लगा।

दिल की सुनो

जीत तो लेते दिल आपका,
पर यह तो कोई जंग नहीं,
देखना हर रूप आपका,
सिर्फ कुछ अधूरे रंग नहीं।

दिल तो कहता है ये मेरी है,
दिमाग ने कहा ये कमज़ोरी है,
ग़लती हुई जो दिल की ना सुनी,
अब दिल से बात करना ज़रूरी है।

दिल और दिमाग के बीच बहस चली है,
दोनों की गलतफहमी है के चाहत इनको मिली है,
परवान चढ़ने के लिए यहां ना कोई सीधी है,
पकड़ लेते दौड़ कर हाथ, पर राहें गीली है।

मोहब्बत की हद

मेरा कतल करके मुझे फनाह कर दो,
चाहे ले लो मेरी जान या फिर तबाह कर दो,
दिल और दिमाग दोनों पर है तुम्हारा इख्तियार,
इसी आड़ में चाहो तो एक और गुनाह कर दो।

अंधेरी राहों में तुम्हारी तलाश में हुआ गुमशुदा,
मिली नहीं तुम ना ही मिला मुझे अपना खुदा,
जिंदगी और मौत के बीच कहीं भटकता रहा,
अकेला मैं इधर अकेली तू उधर एक दूजे से जुदा।

अपनाओ या तो ठुकरा कर जिद्द पूरा कर लो,
चाहेंगे तुमको सदा चाहे जितना भी बुरा कर लो,
तुम होगी मैं रहूँगा और गवाह ये कायनात होगी,
चाहो तो जान ले लो या फिर गले लगाकर सुलह कर लो।

बंद कर दिया

वक्त बेवक्त उसका नाम पुकारना बंद कर दिया,
भीड़ में उसका चेहरा तलाशना बंद कर दिया,
कुबूल कर लिया अपनी मौजूदा हालात को मैंने,
अकेले में उन यादों को सवारना बंद कर दिया।

दूर से छिप छिप कर निहारना बंद कर दिया,
उन यादों की गलियों से गुज़रना बंद कर दिया,
मौका मिलता भी है तो कदम रोक लेता हूँ,
उसके प्यार के तालाब में उतरना बंद कर दिया।

उन प्यारे प्यारे ख़यालों में तेहरना बंद कर दिया,
उसके साथ सपनों में भटकना बंद कर दिया,
अब कुदरत को ज़हमत उठानी होगी हमें मिलाने की,
बेवजह उसके आगे पीछे मटकना बंद कर दिया।

खुद ही समझ लो ना

बात करना नहीं आता मुझे,
मेरी धड़कनों को पढ़ लो ना,
तुम्हें देख वहीं थम जाता हूँ,
आंखों से दिल के हालात समझ लो ना।

गहराई है मैं हूँ और ये सुनसान रास्ता,
इस सन्नाटे में तुम्हें मेरे दिल का वास्ता,
एक बार देखो अपने मन की आँखों से,
अकेला हूँ बहुत एक बार बाहों में भर लो ना।

मैं हूँ, दिल में प्यार है और कुछ गरम सांसें हैं,
चाँद है, रात में तारें हैं और कुछ नरम आहें हैं,
समझाना नहीं आता खुद ही मेहसूस कर लो ना,
इस एहसास को अपने दिल में महफ़ूज़ कर लो ना।

वो और हम

दूर से ही उन्हें देख कर हम आहें भरते रहे,
वो बने रहे अनजान और हम आंखें सेंकते रहे,
उन्होंने तो नज़र तक नहीं डाली हम पर,
और हम उनकी आंखों में खुदको ढूँढते रहे।

हम ढूँढते रहे उन्हें और वो हमसे छुपते रहे,
इसी लुकाछिपी में जान बुझ कर हारते रहे,
उन्होंने बंद कर ली आँखें के अंधेरा हो जाए,
और हम भरी दोपहरी में गिरते पडते रहे।

दिल तो बेवकूफ़ है, उसे धोखा देते रहे,
सच की जगह बस झूठ को मौका देते रहे,
निकल जाते अपने रास्ते तो अच्छा होता,
साथ नहीं था उनका और साझेदारी हम दो का देते रहे।

तुम्हारा मेरा मिलना

देखते ही आपको मैं बस देखता ही रह गया,
बात हुई आपसे तो बस सुनता ही रह गया,
बोल ना सका जो भी कुछ दिल में था मेरे,
दोस्तों ने पूछा तो वहां बोलता ही रह गया।

रुक सा जाता हूँ जब भी तुम हो सामने,
यकीन होता है मैं जन्मा हूँ तुम्हारा हाथ थामने,
कहाँ थी तुम कैसे मिली मुझे संजोग से,
हे भगवान यह कैसा चामत्कार किया आपने।

दुनियाँ हमारी जैसे एक से हो गए,
सपने सारे मानो जैसे सच से हो गए,
कभी कभी तो सच नहीं लगता जीवन,
लकीरें किस्मत की मानो नेक से हो गए।

तुम्हारी और मेरी कहानी

हम मिले हम बिछड़े यह किस्मत थी,
इस दौरान हमेशा मुलाक़ात की हसरत थी,
मिलने के बाद और बिछड़ने से पहले,
हमारे साथ रहने की वजह कुदरत थी।

तुमने मुझसे बहुत प्यार किया,
मैंने तुमसे वफा बेशुमार किया,
कुछ चीजें थी जो सही नहीं बैठी,
अलग होने के बाद भी इन्तेज़ार किया।

वक्त सही था हमने मीठी यादों को बनाया,
जाने के बाद मेरे पास बचा यादों का साया,
तुम्हारे लिए शायद कुछ वक्त की बात है जो,
कैसे बताऊँ मैंने एक एक पल कैसे बिताया।

www.ingramcontent.com/pod-product-compliance
Lightning Source LLC
LaVergne TN
LVHW041615070526
838199LV00052B/3160
9789367830949